Inhaltsverzeichnis:

Vorwort:

- Bezug zum neuen Lehrplan

- Stationenarbeit - warum?

Übersicht über die verwendeten Übungsformen:

- Manuelles Arbeiten

- Setzkasten-/Computerarbeit

- Memory, Domino & co

- Zuordnungsübungen

- Übungen zum sinnerfassenden Lesen

- Übungen zum gelenkten und freien Schreiben (Verschriften)

Stationenarbeit in zehn exemplarischen Beispielen:
(Laufpläne/ Kopiervorlagen für die einzelnen Stationen)

Vom Leichten zum Schweren:

1) Stationen Ll (m,o,a,i,l)

2) Stationen Ss (m,o,a,i,l,t,r,s)

3) Stationen Bb (m,o,a,i,l,t,r,s,w,u,d,e,n,sch,ei,k,ck,b)

4) Stationen Ff (m,o,a,i,l,t,r,s,w,u,d,e,n,sch,ei,k,ck,b,f)

5) Stationen Gg (m,o,a,i,l,t,r,s,w,u,d,e,n,sch,ei,k,ck,b,f,au,g)

6) Stationen Pp (m,o,a,i,l,t,r,s,w,u,d,e,n,sch,ei,k,ck,b,f,au,g,p)

7) Stationen Hh (m,o,a,i,l,t,r,s,w,u,d,e,n,sch,ei,k,ck,b,f,au,g,p,ch,h)

8) Stationen Zz (alle Buchstaben außer j,qu,v,y,x,ai)

9) Stationen Vv (alle Buchstaben außer j,qu,y x,ai)

10) Stationen zum gesamten ABC

Stationenarbeit und Lehrplan:

Betrachtet man die GRUNDLAGEN und LEITLINIEN des neuen Lehrplans für die Grundschulen in Bayern genauer, so ist festzustellen, dass viele Punkte nur durch eine offene und differenzierte Unterrichtsgestaltung effektiv umgesetzt werden können.
Hier einige der wichtigsten Punkte * :

BILDUNG UND ERZIEHUNG:

o *Selbstwertgefühl, Eigenverantwortung und eine bejahende Lebenseinstellung aufbauen*
o *Die eigene Person und die des anderen annehmen*
o *Lernen, das eigene Können richtig einzuschätzen*
o *Soziales Lernen als Fundament für das Zusammenleben*
o *Differenziertes Beobachten der Schüler*
o *Angstfreier Zugang zum Lernen und Erproben eigener Lösungswege*
o *Entwickeln einer gesunden Selbsteinschätzung*
o *Erkennen, dass Lernerfolg oft mit Mühe und Anstrengung verbunden ist*

DER UNTERRICHT IN DER GRUNDSCHULE:

o *Emotional ansprechende Lerninhalte*
o *Möglichkeiten zum selbstständigen Lernen schaffen*
o *Förderlicher, individueller Umgang mit Fehlern*
o *Erproben eigener Lösungswege*
o *Vermitteln von Anerkennung, Erfolgsbestätigung, Zuversicht und Vertrauen in die eigene Leistungsfähigkeit*
o *Austausch der gewonnenen Erkenntnisse mit anderen Kindern*
o *Miteinander und voneinander lernen*
o *Rhythmisierendes Lernen*
o *Schaffen von Bewegungsmöglichkeiten*

* siehe Lehrplan für die Grundschulen in Bayern (Amtsblatt vom 25. September 2000, Sonr. 1)

Stationenarbeit - warum?

Jede einzelne Forderung des Lehrplans ist in der Stationenarbeit optimal umsetzbar.

Die Kinder übernehmen schon sehr früh Verantwortung für ihr Tun. Sie setzen sich selbstständig - allein oder mit Partnern - mit der Aufgabenstellung auseinander und finden die ihnen entsprechende Lösung.

Die Kinder lernen auf diese Weise, ihre eigenen Fähigkeiten richtig einzuschätzen, ihre Stärken und Schwächen zu erkennen.

Durch vielfältige Aufgabenstellung und den Wechsel von Station und "Mitarbeitern" sind die Kinder immer wieder in Bewegung.
Sie erfahren, dass jeder auf den anderen Rücksicht nehmen, dass man auch einmal warten muss und dass eine angenehme Arbeitsatmosphäre nur dann entsteht, wenn alle mithelfen.

Die Kinder sollen ihrem Arbeitstempo entsprechend die einzelnen Stationen durchlaufen und sich nicht unter Druck gesetzt fühlen.

Die Lehrkraft hat die Möglichkeit die Kinder gezielt beim Arbeiten und im Umgang mit den anderen Kindern zu beobachten. Sie kann individuell mit den Kindern (z.B. bei der Kontrolle der einzelnen Aufgaben durch Abstempeln) in Kontakt treten, helfen, ermutigen, loben.

Zur Organisation der Stationenarbeit:

Die Stationen zu den einzelnen Buchstaben umfassen jeweils sieben Aufgaben. Es hat sich als sinnvoll erwiesen sechs Stationen mit jeweils drei bis fünf Kindern (je nach Klassenstärke) zu besetzen und eine Station als sogenannte "Ausweichstation" bereit zu halten, um Engpässe zu vermeiden.

Jedes Kind erhält zu Beginn der Arbeit einen Laufplan, auf dem die einzelnen Stationen aufgeführt sind. Hat ein Kind eine Aufgabe erfüllt, malt es das entsprechende Symbol aus. In der letzten Spalte drückt es mit einem "Gesicht" aus, wie ihm die Arbeit gefallen hat.
Anschließend geht das Kind zur Lehrkraft um die Arbeit abstempeln zu lassen.
Am Anfang muss den Kindern noch geholfen werden. Sie lernen jedoch schnell, das Kontrollsystem zu erfassen.

Jeder Gruppe wird zu Beginn eine Aufgabe vorgegeben. Ist die Aufgabe erledigt, können die Kinder frei wählen.
Es ist sinnvoll, für eine gesamte Stationenarbeit drei bis vier Unterrichtsstunden einzuplanen.
Selbstverständlich müssen die Aufgaben mit den Kindern durchgesprochen werden.

Die Stationenarbeit endet mit einem abschließenden Kreisgespräch, bei dem die Kinder sich äußern, was ihnen gefallen/nicht gefallen hat und warum (siehe "Gesichter").

Stationenarbeit zum Lesen und Schreiben in der 1. Klasse:

Bevor wir konkret in die Stationenarbeit einsteigen, soll ein Überblick die Vielfalt der Übungsmöglichkeiten darstellen und die einzelnen Stationen verdeutlichen.

Buchstabenform durch Auslegen/Stempeln erfassen:

der jeweilige Buchstabe wird in seiner Groß-und Klein

form outlined: A a vorgegeben (Format Din A3)
Die vorgegebenen Formen werden nun von den Kindern mit

- Plastillinkügelchen
- Muggelsteinen
- Papierbällchen
- Moosgummistreifen
- Naturmaterialien (Eicheln, Kastanien, Kieselsteinen u. ä.)
- Stempeln
- Fingerdruck mit Wasserfarben

ausgelegt/ ausgestempelt.
Diese Arbeit kann als Einzel- oder Partnerarbeit konzipiert werden.

Buchstabenformen stecken:

der jeweilige Buchstabe wird in seiner Groß- und Klein-
form nach einer Vorlage mit Bügelperlen gesteckt
(z. B.: Hama-Perlen und Steckbretter)
Gute Schüler können die Buchstabenformen auch ohne
Vorlage stecken

An-, Mittel-, Endlaut bestimmen:

die Kinder haben reale Gegenstände zum jeweiligen
Buchstaben vor sich liegen,

z.B.: zum Tt   Tasse   Kette   Tasche

Sie benennen in Partnerarbeit die Gegenstände und
sortieren sie in vorbereitete Schachteln ein:

T Anlaut   t Mittellaut   t Endlaut

Diese Station kann auch mit Bildkarten umgesetzt
werden.

O O O O O O O O O O O O O O O
O O O O O O O O O O O O O O O
O O O O O O O O O O O O O O O
O O O O O O O O O O O O O O O
O O O O O O O O O O O O O O O
O O O O O O O O O O O O O O O
O O O O O O O O O O O O O O O
O O O O O O O O O O O O O O O
O O O O O O O O O O O O O O O
O O O O O O O O O O O O O O O
O O O O O O O O O O O O O O O
O O O O O O O O O O O O O O O
O O O O O O O O O O O O O O O
O O O O O O O O O O O O O O O
O O O O O O O O O O O O O O O

Buchstabenanalyse:

die Kinder haben Bildkarten zum entsprechenden Buchstaben vor sich. Sie benennen die Bilder in Partnerarbeit und sortieren die Karten in vorbereitete Schachteln ein:

Beispiel:

Wäscheklammerspiel:

die Kinder haben Wortkarten, bei denen der entsprechende Buchstabe fehlt:

und mit dem zu übenden Buchstaben Tt versehene Wäscheklammern.

Aufgabe der Kinder ist es nun, den entsprechenden Groß- bzw. Kleinbuchstaben an das Wort zu klammern:

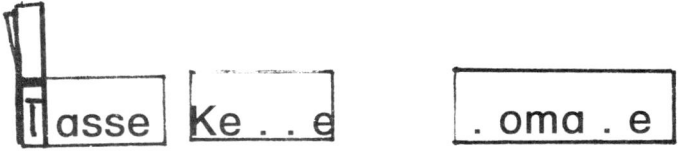

Variation für geübtere Leser: es werden auch Klammern mit anderen Buchstaben untergemischt.

Buchstabenpuzzle:

Die zu übenden Buchstaben werden vergrößert, laminiert, zerschnitten und von den Kindern wieder zusammengesetzt:

Buchstabenkollage:

den Kindern wird der zu übende Buchstabe vergrößert vorgegeben. Es liegen Zeitungen, Schere und Kleber bereit. Aufgabe der Kinder ist es nun, Wörter mit dem entsprechenden Buchstaben aus der Zeitung auszuschneiden und aufzukleben, fünf Wörter pro Kind genügen.
Je nach Größe der Klasse ist es sinnvoll, zwei oder drei Vorlagen anzubieten.

Beispiel für ein Buchstabenpuzzle:

Setzkastenarbeit: (es sollten 4 Setzkästen vorhanden sein)

- die Kinder ziehen ein zu erlesendes Wort (laminierte Wortkarten) aus einem Säckchen, lesen, setzen, kontrollieren

- das Wort wird mit Bildern der Anlauttabelle vorgegeben (ebenfalls als laminierter Streifen) und im Setzkasten in das entsprechende Wort umgesetzt

- Partnerarbeit: ein Kind zieht ein Wort aus einem Säckchen (s.o.), liest es vor, das andere Kind setzt das Wort und es wird gemeinsam kontrolliert. Anschließend wechseln die Kinder die Tätigkeiten. (4 - 5 Wörter pro Kind sind sinnvoll)

- Variation: ein Kind zieht ein Wort aus einem Säckchen und "schreibt" es dem Partner Buchstabe für Buchstabe auf den Rücken, weiteres Vorgehen: siehe oben.

Selbstverständlich können hier - statt des Setzkastens Druckstempel, eine Schreibmaschine oder ein Computer als Medium eingesetzt werden.

Die oben beschriebenen Arbeitstechniken können auch bei fortgeschrittenen Lesern Verwendung finden.
Statt der Wörter werden dann kleine Sätze vorgegeben: z. B.: Anton malt Anna.

Übungen mit Memories, Domino:

Memory:

- Zuordnung: Buchstabe - Buchstabe
  (siehe Kopiervorlage)

  Der zu übende Buchstabe wird in verschiedenen Schrifttypen geschrieben, zweimal auf farbiges Papier kopiert, laminiert und ausgeschnitten.

- Zuordnung: Anlautbild - Buchstabe

- Zuordnung: Wort - Bild
  (siehe Kopiervorlage)

- Zuordnung: Wort - Wort
  (siehe Kopiervorlage)

- Zuordnung: Anfangsbuchstabe - Wortfortsetzung

Es ist zweckmäßig, die Memories in kleinen Schachteln oder stabilen Umschlägen aufzubewahren.

Die Kinder sollten zu dritt oder zu viert spielen.
Da diese Station erfahrungsgemäß etwas lautstark ausfällt, ist es sinnvoll, diese Station auf dem Gang oder in der Garderobe spielen zu lassen.

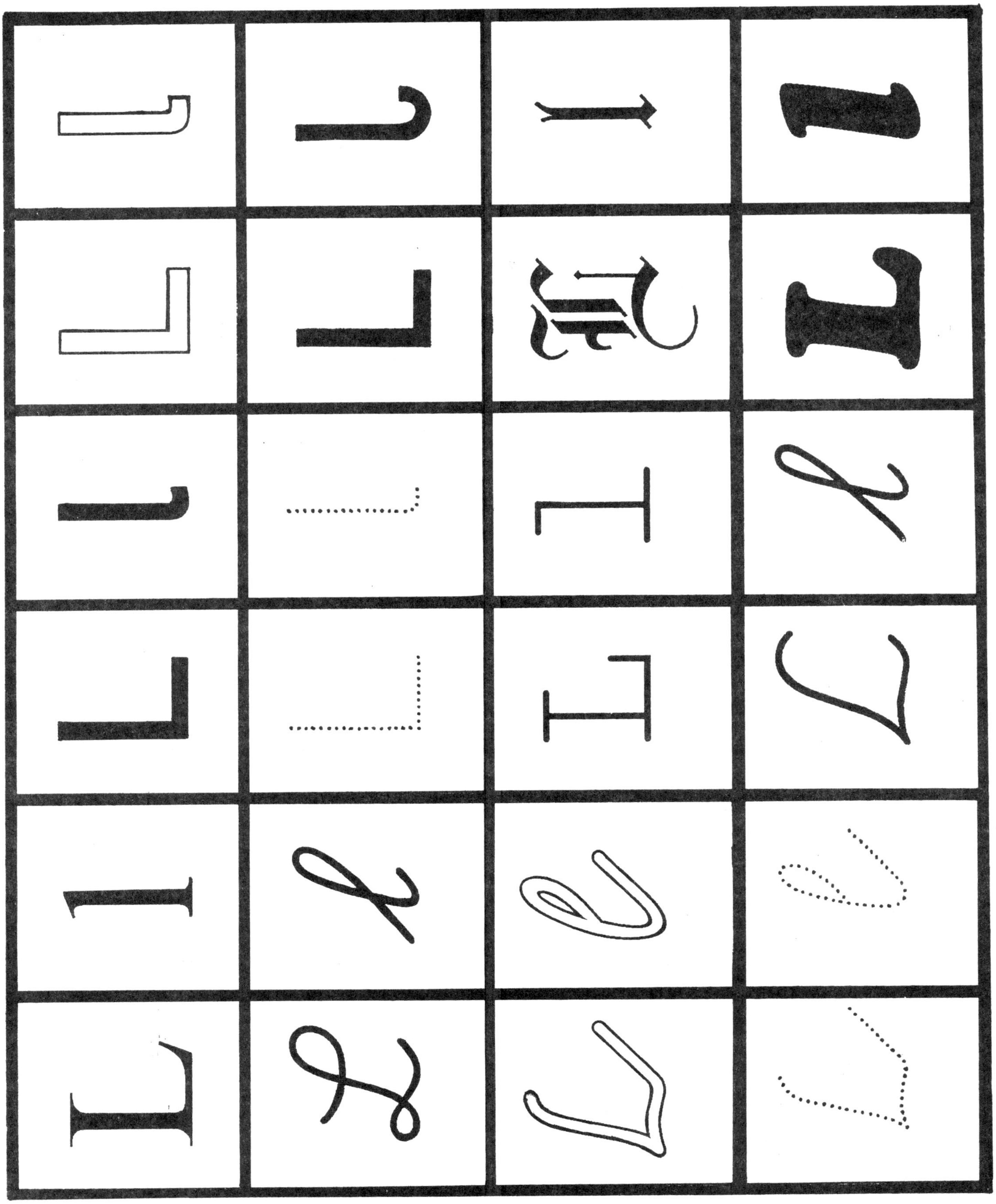

Vorlage für
Wort-Wort-Memory und Wort-Bild Memory

Gans	Gabel	Garten	Wagen
Lager	Regal	Nagel	Burg
Berg	Gras	Gurke	Geld
Gitarre	Kegel	Glas	Kugel

Wort - Bild - Memory

Domino:

- Anlautbild - Buchstabe - Domino
  (siehe Kopiervorlage)

- Anlautbild - Wort - Domino
  (siehe Kopiervorlage)

- Wort - Wort - Domino
  (siehe Kopiervorlage)

Es ist sinnvoll, das Domino zu laminieren, es
mehrfach (auf verschiedenfarbiges Papier kopiert)
bereit zu stellen und in kleinen Schachteln oder
robusten Umschlägen aufzubewahren. Auch bei
diesem Spiel sollten die Kinder zu dritt oder zu viert
sein.
Je nach Fähigkeit der Kinder werden die Karten
offen oder verdeckt angeboten.

Zuordnungsspiele:

Folgende Stationen setzen bereits gute Lesefertig-
keit und sinnverstehendes Lesen voraus.

- Silbensalat:

  Die Kinder bekommen fünf bis sieben Wörter in Silben
  getrennt auf laminierten Streifen. Ihre Aufgabe ist es ,
  die Silben sinnvoll zusammen zu setzen und evtl. die
  gefundenen Wörter ohne oder mit Begleiter aufzuschreiben.

- Satzsalat:

Sätze werden in einzelnen Wörtern angeboten.
Die Kinder müssen die Wörter zu einem sinnvollen
Satz ordnen und diesen dann aufschreiben. Die
Anzahl der Sätze kann zunehmend gesteigert wer-
den. Die Sätze sollten jeweils in unterschiedlichen
Farben zur Verfügung stehen und laminiert sein.

- Frage -/Antwortsatz:

Die Kinder haben drei bis fünf laminierte Frage-
und Antwortsätze durcheinander vor sich liegen.
Ihre Aufgabe ist es, die Sätze zu lesen, jedem
Fragesatz den passenden Antwortsatz zuzuordnen
und die gefundenen Satzpaare (je nach individueller
Fähigkeit) aufzuschreiben.

- Sätze ordnen:

Die Kinder haben drei bis sechs laminierte Sätze
durcheinander vor sich liegen. Ihre Aufgabe ist es,
die Sätze in einer logischen Abfolge zu ordnen.
Individuelle Abweichungen, die sinnvoll sind, gelten.
Anschließend schreiben die Kinder die geordnete
Geschichte auf.

Stationen zum sinnerfassenden Lesen :

Es gibt eine ganze Menge Übungen, um das sinnerfassende Lesen zu trainieren.

Schon das selbstständige Erlesen und Umsetzen der Arbeitsaufträge erfordert die Fähigkeit, sinnerfassend zu lesen. Es ist sinnvoll, die Arbeitsaufträge am Anfang mit Piktogrammen zu verdeutlichen (siehe Stationenarbeit   und Laufpläne)

Im Folgenden werden verschiedene Möglichkeiten in einer Übersicht vorgestellt. Sie finden die Aufgaben in den einzelnen Stationenarbeiten wieder.

a) Vorgabe eines Arbeitsblattes zum Erkennen und Differenzieren ähnlicher Buchstabenformen.

b) Umsetzen von Sätzen in entsprechende Bilder (hier ist auf Genauigkeit der Umsetzung zu achten)

c) Reimwörter mit einem falschen Wort, das falsche Wort soll erkannt und durchgestrichen werden.

d) Zerlegen von Wörtern in ihre Silben und Markieren der Selbstlaute.

e) Vorgegebene Wörter in einem Bild suchen und ausmalen.

f) Vorgegebene Wörter mit dem richtigen Begleiter zusammensetzen und aufschreiben.

g) Bild ansehen, das Wort dazu sprechen, dann jeden Buchstaben mit einem farbigen Muggelstein legen, der zu übende Buchstabe wird durch einen weißen Stein ersetzt. Die Kinder kontrollieren selbst mit der Lösung auf der Rückseite, schreiben die Wörter mit Begleiter auf und zeichnen die entsprechenden Buchstabensteine dazu.

h) Wortreihen - ein Wort gibt es nicht.
Die Kinder sollen das "Kunstwort" finden und durchstreichen. Die restlichen Wörter weren aufgeschrieben.

i) Sinnvolle und sinnlose Sätze unterscheiden lernen, die sinnlosen Sätze markieren (fortgeschrittene Leser können sie evtl. verbessern)

j) Richtigen Wortanfang mit einem entsprechenden Bild verbinden

k) Zu einem vorgegebenen Bild aus zwei vorgegebenen Sätzen den richtigen zuordnen und zu dem falschen Satz das entsprechende Bild malen

l) Verschiedenartige Rätsel

m) Gegensatzpaare finden und verbinden

n) Aus vorgegebenen Wörtern sinnvolle Sätze bilden

o) Selbst Reimwörter finden

p) Vorgegebene Wörter richtig in einen Lückentext einsetzen

q) Sätze bestätigen oder verneinen

r) Anlässe zum Verschriften geben durch Bilder
(siehe Station P),
Anfänge von Geschichten (siehe Station Zz und Vv)
oder Vorgeben einer Überschrift (siehe Station ABC)

Dabei sollen die Kinder - ihrem jeweiligen Leistungs-
stand entsprechend - frei und lautgetreu schreiben.

s) Darüber hinaus können die jeweiligen Arbeitsblätter
eines fibelbegleitenden Arbeitsheftes in die Stationenarbeit integriert werden.

Die hier angebotenen Stationen sollen helfen, den
Einstieg in diese Arbeitform zu finden. Alle Stationen
wurden in der Praxis ausprobiert. Die Kinder waren
mit Begeisterung bei der Sache.

Sicher bekommen Sie Lust selbst Stationen zu entwickeln und sich auf den Weg zu machen.

Viel Spaß!

1) Stationen Ll

Stationenarbeit Ll	Name: _____		
Station:	So arbeite ich:	Diese Stationen habe ich erledigt:	Meine Beurteilung: ☺ ☺ ☹
L l			
⊠ ▢ ▢			
L l			
L l			
⊘ ⊘			
Ll ⊠			
L L ⚬			

Anlaut - Mittellaut - Auslaut

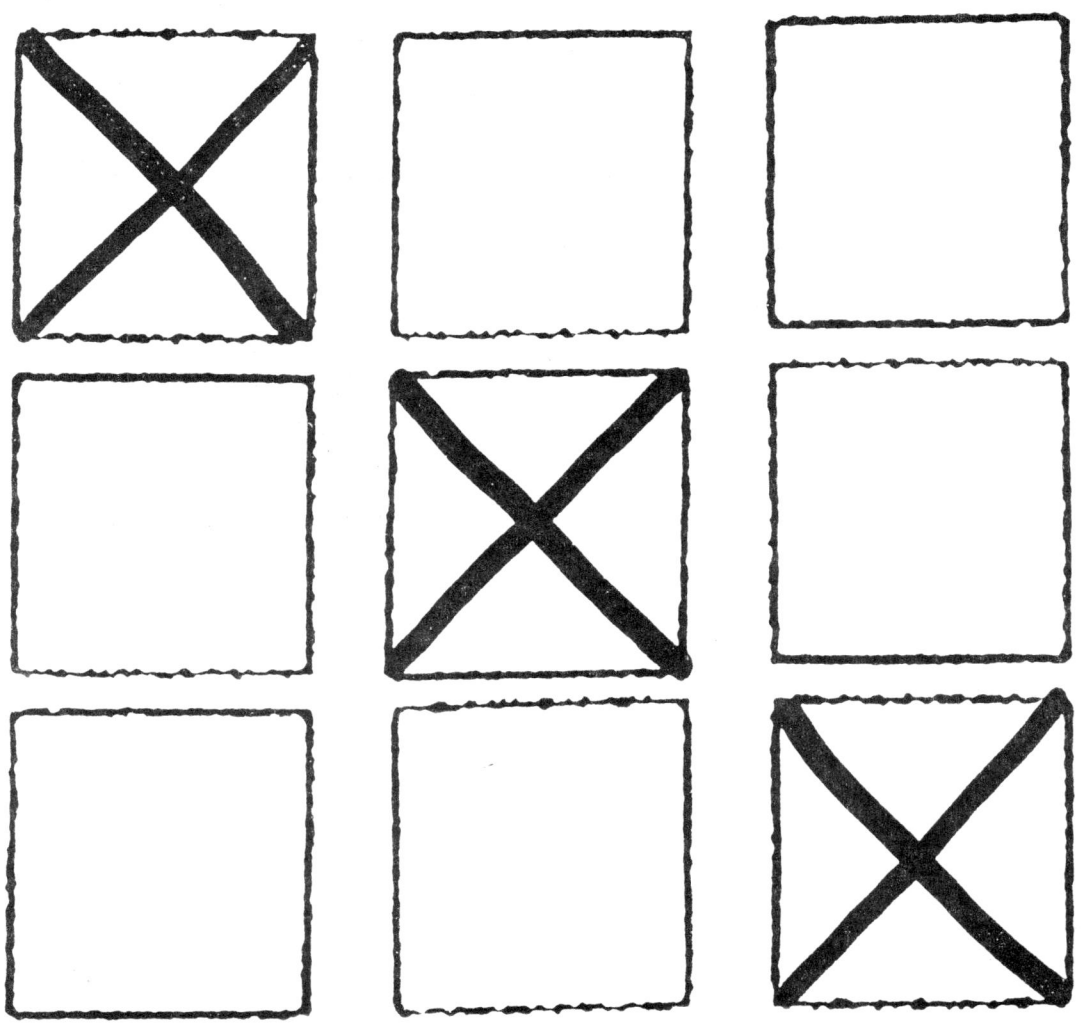

Lama	Eichel	Apfel
Laterne	Ampel	Leiter
Nilpferd	Ball	Löwe
Igel	Eule	Krokodil
Mami	Hut	Reiter
Wette	Turm	Tante
Seife	Gans	Mutter

Station 5:

Rahme ein:

Lama	Eichel	Apfel
Laterne	Ampel	Leiter
Nilpferd	Ball	Löwe
Igel	Eule	Krokodil
Lamm	Elefant	Limo
Esel	Leopard	Eule

<u>Vorlage zum Vergrößern für Station 4 und 6:</u>

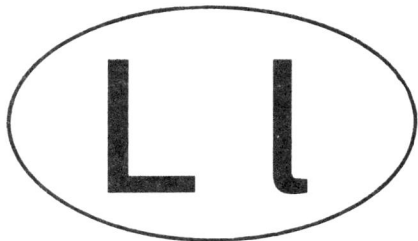
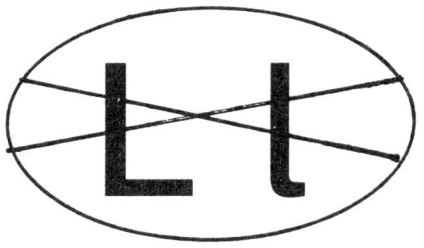

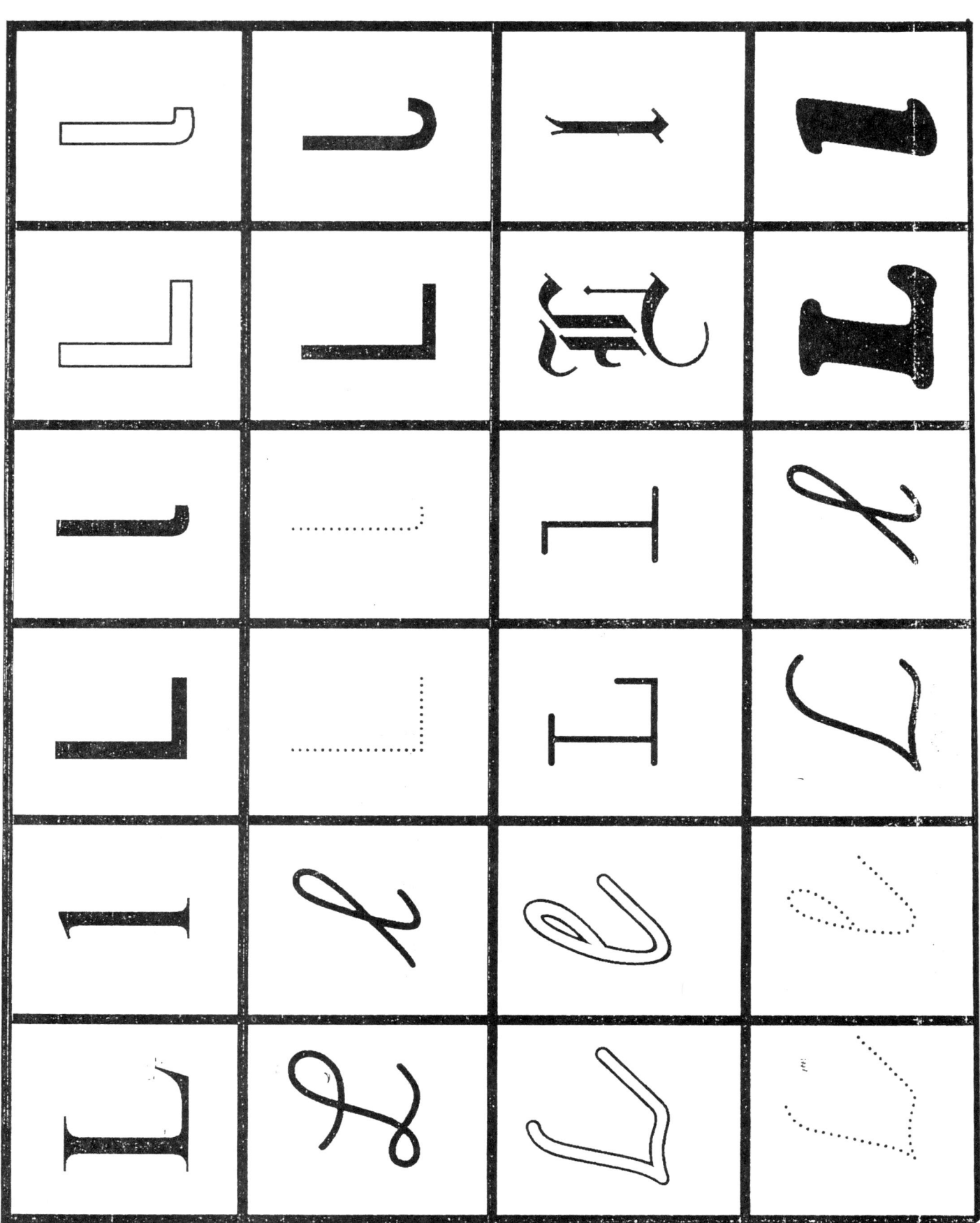

2) Stationen Ss

Stationenarbeit	Name: _____		
Ss			

Station:	So arbeite ich:	Diese Stationen habe ich erledigt:	Meine Beurteilung: ☺ ☺ ☹
(S) s		☀	
S s		☀	
Sissi rast im Tal. | S | i | s |		☀	
S s		☀	
(S)		☀	
Ast Ast		☀	
Last Las		☀	

Oa. e

Amei. e

Na. e

Do. e

. ofa

. aft

Jn. el

E. el

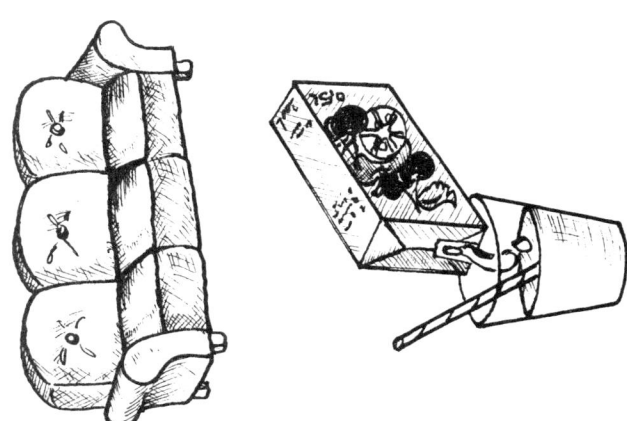

. onne

. ieb

Fri. ör

. ichel

Vorlage für die Arbeit im Setzkasten:

Sissi rast im Tal.

Sissi rast im Tal.

Tilo tollt im Tal.

Tilo tollt im Tal.

Tilo rast mit Sissi.

Tilo rast mit Sissi.

Sims	Ast
Mast	Last
Sams	Sissi
Los	Moos
Mist	ist
Lisa	Ost

3) Stationen Bb

Stationenarbeit Bb	Name: _____		
Station:	So arbeite ich:	Diese Stationen habe ich erledigt:	Meine Beurteilung: ☺ ☺ ☹
① Silbenkarten			
② Bb oder Dd?			
③ Kreuze an			
④ Lesen und malen			
⑤ Muggelsteine			
⑥ Reimpaare			
⑦ B - Bild			

Station 1

▷ <u>Lege die Karten zu Wörtern zusammen:</u>

Blei	stift

▷ <u>Schreibe so in dein Heft:</u>

der   Bleistift,

Bleistift	Butter
Bruder	Besen
Birne	Erdbeere
Blume	Scherben
Bonbon	Braten
Banane	Scheibe

Station 2

Rahme ein:

▷ – Rahme **Bb** rot ein!

▷ – Rahme **Dd** blau ein!

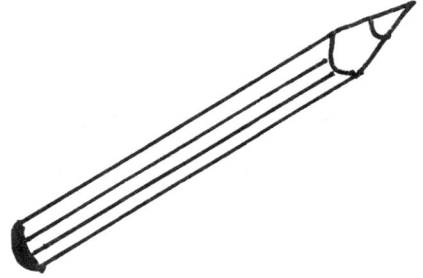

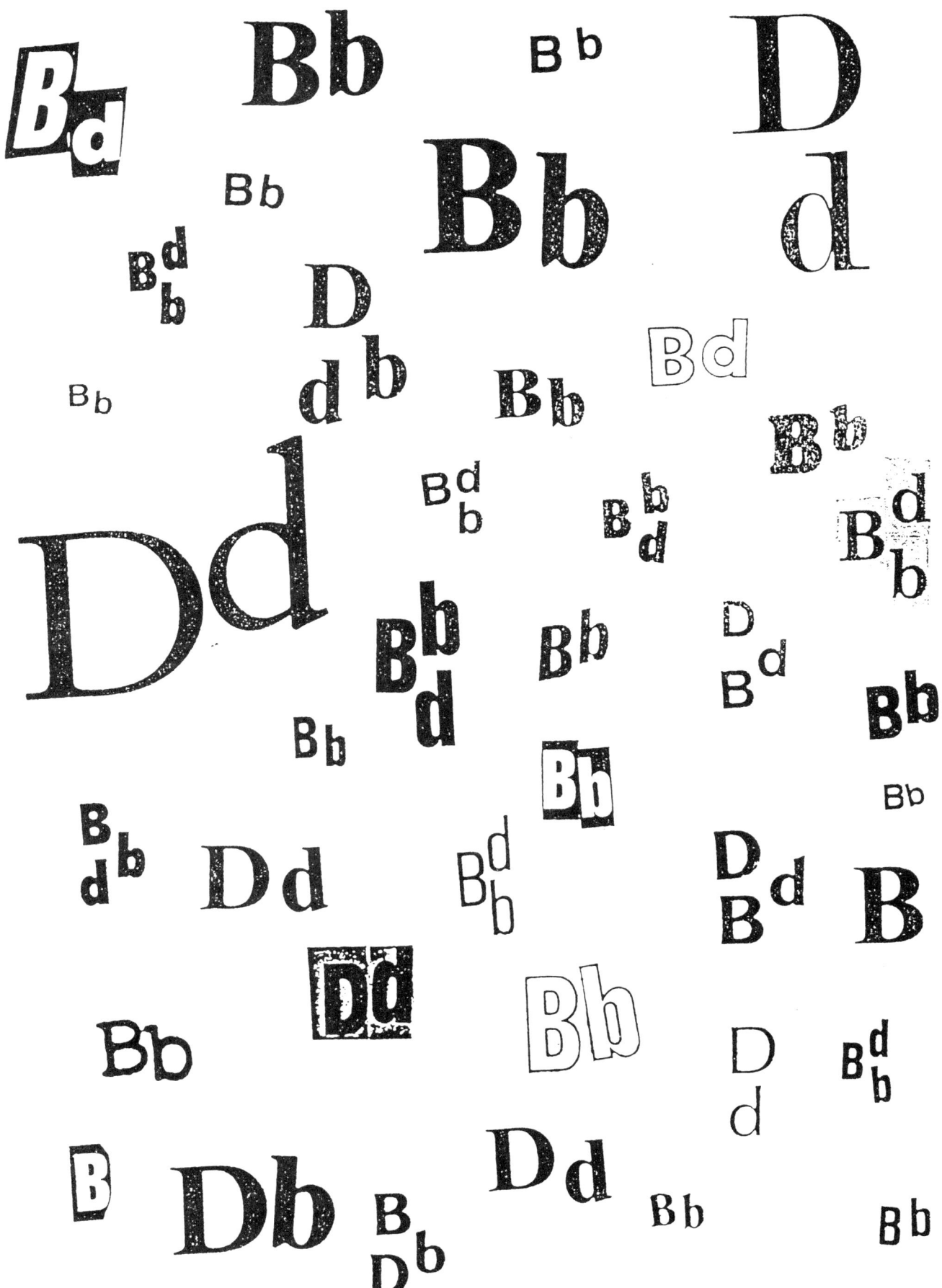

Station 3:

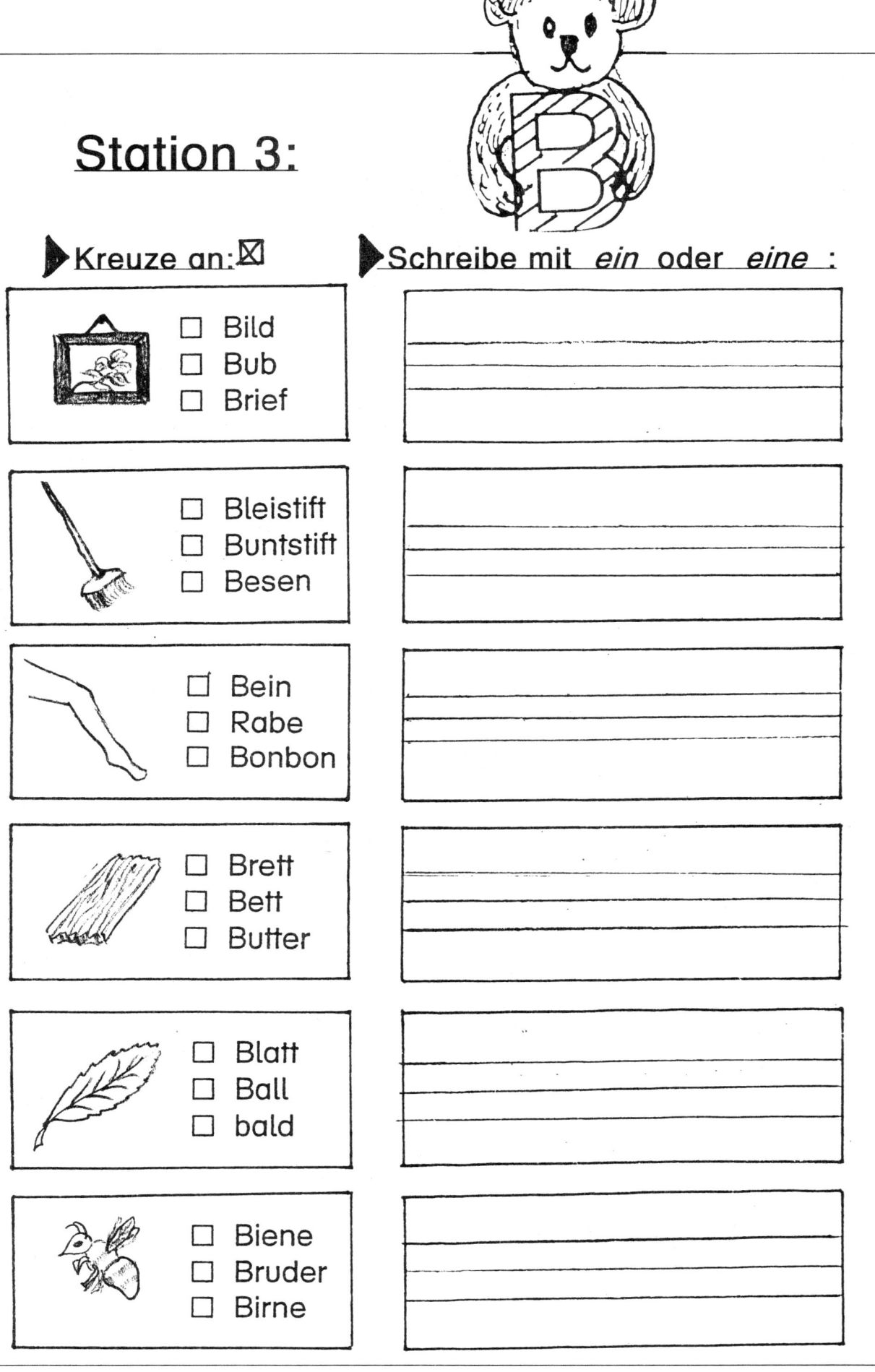

▶ <u>Kreuze an:</u> ☒   ▶ <u>Schreibe mit *ein* oder *eine* :</u>

☐ Bild
☐ Bub
☐ Brief

☐ Bleistift
☐ Buntstift
☐ Besen

☐ Bein
☐ Rabe
☐ Bonbon

☐ Brett
☐ Bett
☐ Butter

☐ Blatt
☐ Ball
☐ bald

☐ Biene
☐ Bruder
☐ Birne

Station 4

Lies die Sätze genau!

Male zu jedem Satz das richtige Bild:

♥ Der Affe Bobo isst eine Banane.	
Barbara liest in einem kleinen Buch.	
⌒ Bernd hat einen roten Teller mit Brei.	
🍄 Bert bläst einen Ballon auf.	

Der Affe Bobo isst eine Banane.

Barbara liest in einem kleinen Buch.

Bernd hat einen roten Teller mit Brei.

Bert bläst einen Ballon auf.

Berta malt eine lila Blume.

Station 5

 **genau!**

1. Lege für jeden Buchstaben einen Stein!

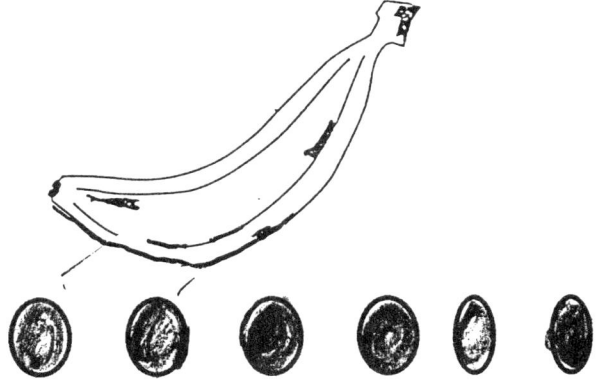

2. Wo ist Bb ? Lege einen weißen Stein an die richtige Stelle!

3. Schreibe die Wörter ins Heft und male die

Steine darunter!

Besen
○ ○ ○ ○ ○

Bär
○ ○ ○

Globus
○ ○ ○ ○ ○ ○

Bild
○ ○ ○ ○

Rabe
○ ○ ○ ○

Ball
○ ○ ○ ○

Rübe
○ ○ ○ ○

Banane
○ ○ ○ ○ ○ ○

Station 6

 Jn jeder Reihe passt ein Wort nicht!
Streiche es durch!

Stall	 laben	Mutter
Ball	geben	Vater
Fell	leben	Butter

Wut	 lieben	 Band
Blatt	schieben	Wand
Blut	laben	Bund

▷ Schreibe alle Reimpaare in dein Heft!

Station 7:

Suche im Bild und male aus:

Besen - Badewanne - Brille - Baum

Banane - Biber - Bub - Boot - Gebirge

●Schreibe die B - Wörter mit

der   die   oder   das

in dein Heft!

4) Stationen Ff

Stationenarbeit Ff	Name: _____		
Station:	So arbeite ich:	Diese Stationen habe ich erledigt:	Meine Beurteilung: ☺ ☺ ☹
① Frage-Antwort			
② Muggelsteine			
③ Reimpaare			
④ Lesen und malen			
⑤ Silbenschiffe			
⑥ Bild-Wort-Memory			
⑦ F-Bild			

Station 1:

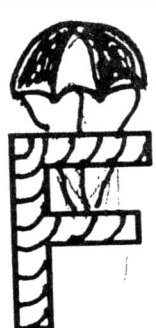

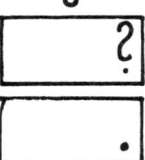 Finde zu jeder Frage die richtige Antwort!

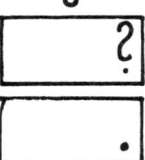 Schreibe alle Sätze in dein Heft!

 Ferkel

Wer hat fünf Ferkel?

Das Schwein Fanni hat fünf Ferkel.

Was findet Fridolin am Teich?

Fridolin findet einen Frosch.

Wo findet Anna das Heft?

Anna findet das Heft neben dem
Telefon.

Welche Farbe hat Ferdis Fahrrad?

Ferdis Fahrrad ist feuerrot.

52

Elefant ○○○○○○○

Tafel ○○○○○

Frosch ○○○○○

Fisch ○○○○

Flasche ○○○○○○

Reifen ○○○○○

Ofen ○○○○

Heft ○○○○

Seife ○○○○

Würfel ○○○○○○

Telefon ○○○○○○○

Station 3:

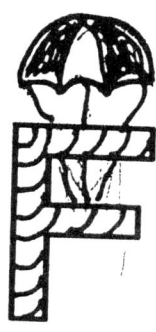

♥ In jeder Reihe ist ein Wort falsch! Streiche es durch!

○ Fisch   ○ Schaf   ○ Flasche
  Tisch   Schal   Tusche
  Teich   Schlaf   Tasche

○ hoffen   ○ Lust   ○ laufen
  helfen   Luft   raufen
  offen   Duft   rufen

♥ Schreibe die Reimwörter in dein Heft!

Station 4: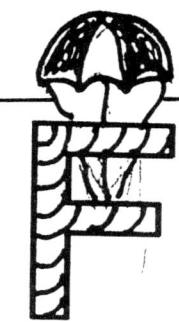

Lies genau – male zu jedem Satz ein passendes Bild:

Fred hat ein rosa Ferkel an der Leine.	
Fanni hat fünf Krapfen.	
Am Wasser sitzt eine kleine Fee.	
Der Fisch Frido ist lila, blau und rosa.	

Station 5: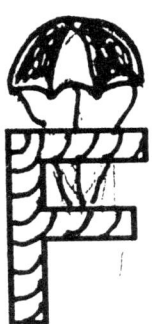

Zerlege die Wörter!

☐ Setze die Teile in die Schiffchen!

Rei   fen

☐ In jedem Schiffchen ist eine Laterne:

a   e   i   o   u   ei

☐ Male die Laterne gelb an!

R ei   f ei n

56

Station 5: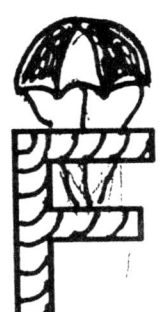

Tafel

Würfel

 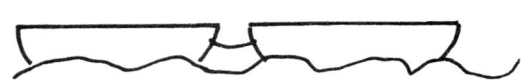

Reifen

Seife

Flasche

Farbe

Ferkel

Feder

Memory-Vorlage 1 (auch für Muggelsteine)

Memory-Vorlage 2

Telefon	Elefant	Seife
Ferkel	Tafel	Heft
Ofen	Feder	Affe
Reifen	Würfel	
Flasche	Frosch	

Station 7: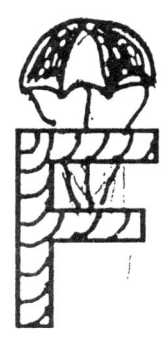

● Male aus:

Farbkasten - fünf - Fledermaus - Fahne - Fallschirm -
Fahrrad - Fernseher - Fackel - Flöte

●Schreibe in dein Heft mit   der , die , das :

Farbkasten - Fenster - Fisch - Feder - Fackel - Fahne -
Fallschirm - Fledermaus - Fahrrad - Flasche

5) Stationen Gg

Stationenarbeit Gg	Name: _____		
Station:	So arbeite ich:	Diese Stationen habe ich erledigt:	Meine Beurteilung:
① Silbenschiffchen			
② Muggelsteine			
③ Falsches Wort			
④ G oder K?			
⑤ Lesen und malen			
⑥ Purzelgeschichte			
⑦ G-Blatt			

Station 1:

○Verteile die Wörter auf die Schiffchen:

○Auf jedem Schiffchen muss eine Laterne sein:

a   e   i   o   u   ei

○Male die Laternen gelb aus!

Station 1:

Gabel   Garten

Gockel   Glocke

Tiger   Geige

Nagel   Regal

Gurke   Regen

Wörter für die Muggelsteinstation:

Globus
○○○○○○

Giraffe
○○○○○○

Gabel
○○○○○

Glas
○○○○

Geld
○○○○

Gans
○○○○

Gespenst
○○○○○○○

Gras
○○○○

Kegel
○○○○○

Nagel
○○○○○

Regal
○○○○○

Krug
○○○○

Bilder zur Muggelsteinstation:

 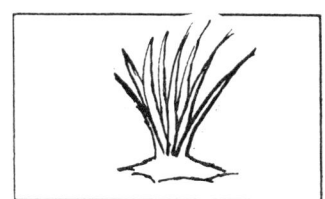 

 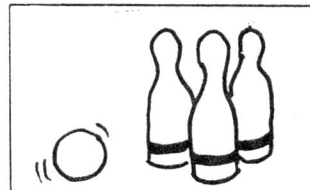 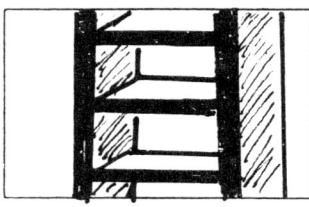

Station 3:

◯ In jeder Wortreihe ist e i n Wort ,
das es nicht gibt - streiche es durch!

▷ Gurkenbeet
Gurkenriese
Gurkensalat
Gurkenscheibe
Gurkenglas

▷ Regenbogen
Regenwurm
Regenschirm
Regenregal
Regenwolke

▷ Gartenbank
Gartentor
Gartengespenst
Gartenarbeit
Gartenschere

◯ Schreibe die Wörter mit der, die oder das
auf!

Station 4:

<u>Trage ein:</u> Ⓖ oder Ⓚ

Male dann alle 🄶 – Wörter aus!

 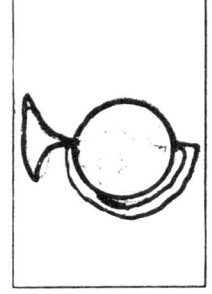  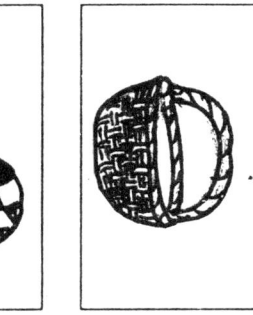 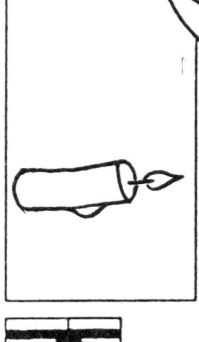

  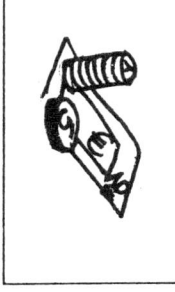 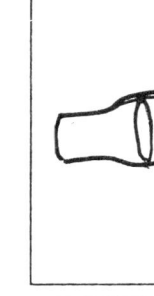 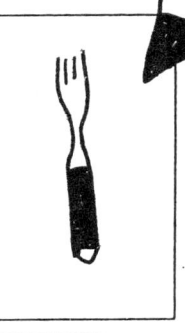

  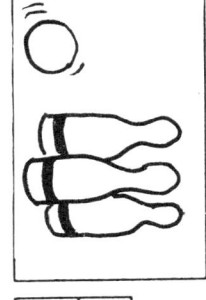 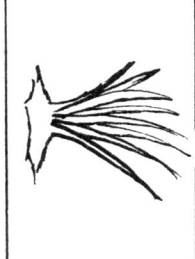

G oder K ?

Station 5:

 Lies genau – male zu jedem Satz ein Bild:

Geli ist im Garten mit einem grünen Schal.	
Auf dem Brett ist eine grüne Gurke.	
Gert hat einen gelben Regenschirm.	
Jgor gibt der Gans Brot.	
Regina guckt die Giraffe an.	

Station 6:

○ Ordne die Purzelsätze so, dass es
eine richtige Geschichte wird!

○ Lies die gelegte Geschichte!

○ Schriebe die Geschichte richtig
in dein Heft!

Male ein Bild!

Am See lebt eine graue Gans.

Er bringt Gundula Futter mit.

Igor und Geli gehen zum See.

Gundula mag Igors Futter gerne.

Igor nennt die Gans Gundula.

So ist der Text richtig geordnet:

Igor und Geli gehen zum See.

Am See lebt eine graue Gans.

Igor nennt die Gans Gundula.

Er bringt Gundula Futter mit.

Gundula mag Igors Futter gerne.

Station 7:

Male aus:

Gespenst - Gitarre - Gans - Geschenk - Glocke - Gardine

Schreibe in dein Heft mit   der   die   das :

Geige - Gurke - Giraffe - Gespenst - Glocke - Geschenk -
Geld - Gebiss - Goldhamster

6) Stationen Pp

Stationenarbeit	Name: _____		
Station:	So arbeite ich:	Diese Stationen habe ich erledigt:	Meine Beurteilung: ☺ ☺ ☹
① Was ist richtig?			
② Sätze würfeln?			
③ Geschichte			
④ Lesen/malen			
⑤ Buchstabensuche			
⑥ Reimpaare			
⑦ P - Blatt			

Station 1:

Welches Wort passt? Kreuze an !

- O Ring
- O Bingo
- O Pinguin

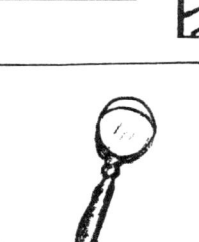
- O Ludwig
- O Luft
- O Lupe

- O Trommel
- O Trost
- O Trompete

- O Moped
- O Mond
- O Monika

- O Kind
- O Pinsel
- O Pille

- O Wellen
- O Berg
- O Perlen

Welcher Satz stimmt? Kreuze an !

- o Wir schreiben auf Papier.

- o Ein Pinguin kann fliegen.

- o Peter ist Annas Schwester.

- o Die Kinder spielen in der Pause.

- o Eine kleine Maus piepst.

- o Eine Posaune ist ein Blasinstrument.

Station 2:

● Würfelt der Reihe nach und schreibt jedes gewürfelte
Wort auf! Fünf Sätze sollt ihr erwürfeln!

Der Papa	Peter	Der Papagei
Der Pudel	Pia	Die Puppe

plappert	tapst	pfeift
liegt	piepst	malt

auf der Palme	im Apfel.	in der Suppe.
auf der Treppe	mit Pinsel.	an der Ampel.

Station 3:

●Schau dir das Bild genau an!

Wie geht die Geschichte weiter?

●Schreibe oder zeichne!

Station   4

♥ Auf der Palme ist ein blauer Papagei mit einer gelben Brust.	
Drei Pinguine watscheln ins Wasser.	
Oma packt einen roten Pulli in das Paket.	
Monika legt die Puppe ins Puppenbett.	
Peter steigt mit Papa auf einen Berg.	

Station 5

Buchstaben suchen

Male alle b rot, alle d blau und alle p gelb aus!

b	t	d⁻	f	t	d	b	p	d	f
d	f	p	t	d	f	t	d	b	p
p	d	t	f	b	t	d	f	t	d
f	b	d	t	d	f	t	d	p	t
p	t	d	f	t	d	b	t	d	p
d	f	t	d	p	f	t	d	p	b
t	p	d	t	f	d	b	b	f	t
b	d	f	p	d	t	f	d	t	d
p	t	d	p	f	p	d	b	p	b
f	d	f	d	p	t	b	f	d	f

Ich habe das **b** ☐ mal gefunden.

Ich habe das **p** ☐ mal gefunden.

Ich habe das **d** ☐ mal gefunden.

Station 6

 Jn jeder Reihe passt ein Wort nicht!
Streiche es durch!

 Puppe    Papier   Pudel

Suppe   Pappe   Papagei

Pappe   Mappe   Nudel

 Pinsel   Paul    Kopf

Pinguin   Maul   Topf

Jnsel   Papa   Kappe

 Schreibe alle Reimpaare in dein Heft!

Station 7:

Die Puppenkinder

| Pia | und | Paul |

Was Paul und Pia alles haben - male:

Puppenpulli		Puppenhose	
Puppenglas		Puppenpantoffeln	
Puppenpinsel		Puppenpfanne	
Puppenlampe		Puppenkasperl	

Schreibe ins Heft:

Die Puppen Pia und Paul haben einen Puppenpulli, eine Puppenhose, ein............

7) Stationen Hh

Stationenarbeit	Name: _____		
Station:	So arbeite ich:	Diese Stationen habe ich erledigt:	Meine Beurteilung: ☺ ☺ ☹
① Silbenwagen			
② Richtig? Falsch?			
③ Wörter einsetzen			
④ Was gehört zusammen?			
⑤ Reimen			
⑥ Halbe Wörter			
⑦ Geschichte			

Station 1:

▷ <u>Verteile die Wörter in die Silbenwagen:</u>

Himmel

Hase

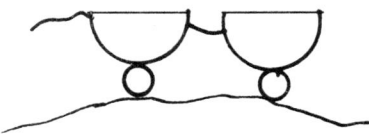

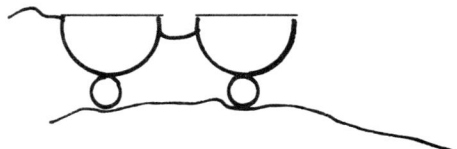

gehen

fliehen

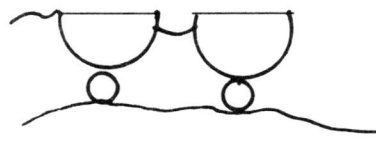

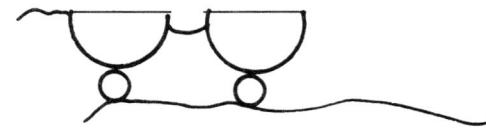

Hose

Nashorn

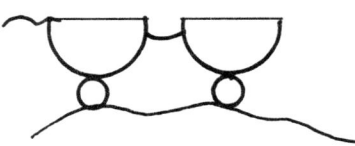

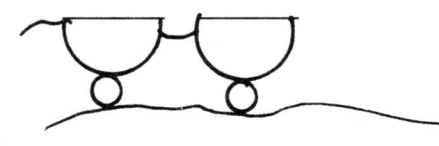

Henne

Hammer

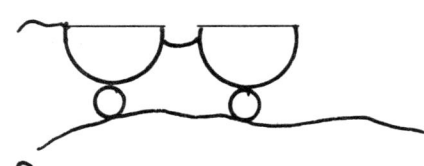

Umrande alle  gelb!

Station 2:

▶ Welcher Satz passt zum Bild?

▶ Unterstreiche den richtigen Satz grün,
den falschen Satz rot!

Hans füttert den Hasen.

Hans füttert den Hund.

Mama holt ein Handtuch.

Mama holt einen Handschuh.

Hanni hält die Kanne.

Hanni hält die Pfanne.

Helga holt Holz.

Helga holt Salz.

 Suche dir drei falsche Sätze aus, schreibe sie
und male zu jedem ein passendes Bild!

Station 3:

Weißt du das?

▷ <u>Lies die Wörter und setze das passende ein!</u>

Himmel - Hund - Uhu - Frau Holle - Hut - husten -
Hose - heulen - Hälfte - Hälfte - Bauernhof

Der ... ☐ bellt.

Nachts hörst du den .. ☐ .

Der ..... ☐ ist blau.

Ich brauche deine . ☐ ... .

Die Betten schüttelt Frau ... ☐ .

Hans hat eine helle .. ☐ . .

Ich mag Mamas .. ☐ .

Das kranke Kind muss ... ☐ .. .

Auf dem ...... ☐ . sind Schweine.

Die Gespenster ... ☐ .. .

Gib mir bitte die .. ☐ ... vom Apfel.

 <u>Hast du den Lösungssatz gefunden? Schreibe ihn auf!</u>

Station 4:

▷ <u>Verbinde die Wörter</u>, <u>die zusammen gehören:</u>

Hand	und	dunkel
Hemd	und	Hof
Himmel	und	Fuß
Dame	und	Hose
Haus	und	Hölle
hell	und	kalt
hoch	und	Herr
heiß	und	tief

▷ <u>Schreibe alle Wörter mit H und h!</u>

Station 5:

▷ <u>Die Hasenkinder reimen - mache mit :</u>

Hase

N_____

Hut

W_____

Halter

Sch_____

Hand

W_____

Hund

M_____

Himmel

Sch_____

Hahn

Z_____

W_____

Haus

M_____

L_____

Hose

R_____

D_____

 <u>Schreibe alle</u> H-Wörter <u>mit</u> ⟨der⟩ ⟨die⟩ ⟨das⟩ <u>auf!</u>

Station 6:

▷ O je - hier hat Hase Hans an den Wörtern geknabbert!

▷ Du kannst sie sicher erkennen und richtig in dein Heft schreiben:

Hase Hose Hals

Bahnhof Uhr

Hand Hund Haus

Haltestelle Huhn

Henne Huhn

Station 7:

Hier ist etwas durcheinander geraten!

Du kannst sicher eine richtige Geschichte aus den Sätzen machen!

▷ Schneide die Streifen aus, ordne sie, klebe sie auf!

⬤ **Anna hat einen kleinen, braunen Hasen.** Ⓞ

Da kommt Wuschel angehoppelt. ⓔ

„Wuschel, wo bist du?" ⓡ

Anna weint und ruft: ⓔ

Anna kann wieder lachen. ⓘ

Er heißt Wuschel. Ⓢ

Als Anna Wuschel Futter bringen will, ist der Stall leer. Ⓣ

Station 7:

So ist die Geschichte richtig:

●

Anna hat einen kleinen, braunen Hasen. Ⓞ

Er heißt Wuschel. Ⓢ

Als Anna Wuschel Futter bringen will,
ist der Stall leer. Ⓣ

Anna weint und ruft: ⓔ

Wuschel, wo bist du? Ⓡ

Da kommt Wuschel angehoppelt. ⓔ

Anna kann wieder lachen. ⓘ

8) Stationen Zz

Stationenarbeit Zz	Name: _____		
Station:	So arbeite ich:	Diese Stationen habe ich erledigt:	Meine Beurteilung: ☺ ☺ ☹
① Lesen und malen			
② Selber schreiben			
③ Silbenzüge			
④ Wörtersuche			
⑤ Richtig oder falsch?			
⑥ Buchstabenzauber			
⑦ Reimen			

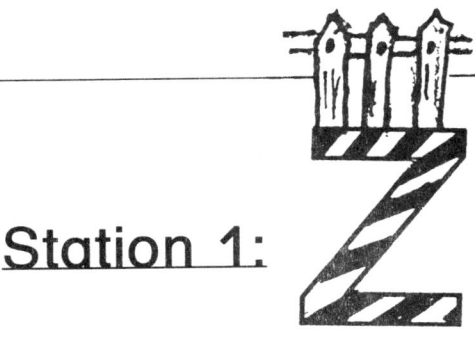

Station 1:

Male das Zimmer so aus, wie es in der Geschichte beschrieben wird!

Das neue Zimmer

Familie Zech ist umgezogen.
Zenta hat ein neues Zimmer bekommen.

o Der Fensterrahmen ist aus braunem Holz.
o Einen schwarzen Tisch hat sich Zenta gekauft.
o Das Holzregal ist auch schwarz.
o Im Regal steht ein winziger Zwerg.
o Auf dem Bild sind zwei Herzen.
o Den dicken roten Sitzsack mag Zenta besonders.
o Eine ganz bunte Decke liegt auf dem Bett.
o Die Uhr zeigt gerade zwei Uhr. Zeichne die Zeiger!

Station 2:

▷ Lies die Geschichte und schreibe selbst weiter!

Die Zugfahrt

Zenzi darf ganz alleine mit
dem Zug zu Onkel Franz
fahren. Sie ist sehr aufgeregt.
Der Zugbegleiter bringt sie
zu ihrem Platz. Prima! Zenzi
hat einen Fensterplatz bekommen. Neugierig schaut
sie hinaus. Was es da alles
zu sehen gibt!

Station 3:

● Silbenzüge - verteile die Silben auf den Zug!

● Spure ⓐ ⓔ ⓘ ⓞ ⓤ ⓤ̈ gelb nach!

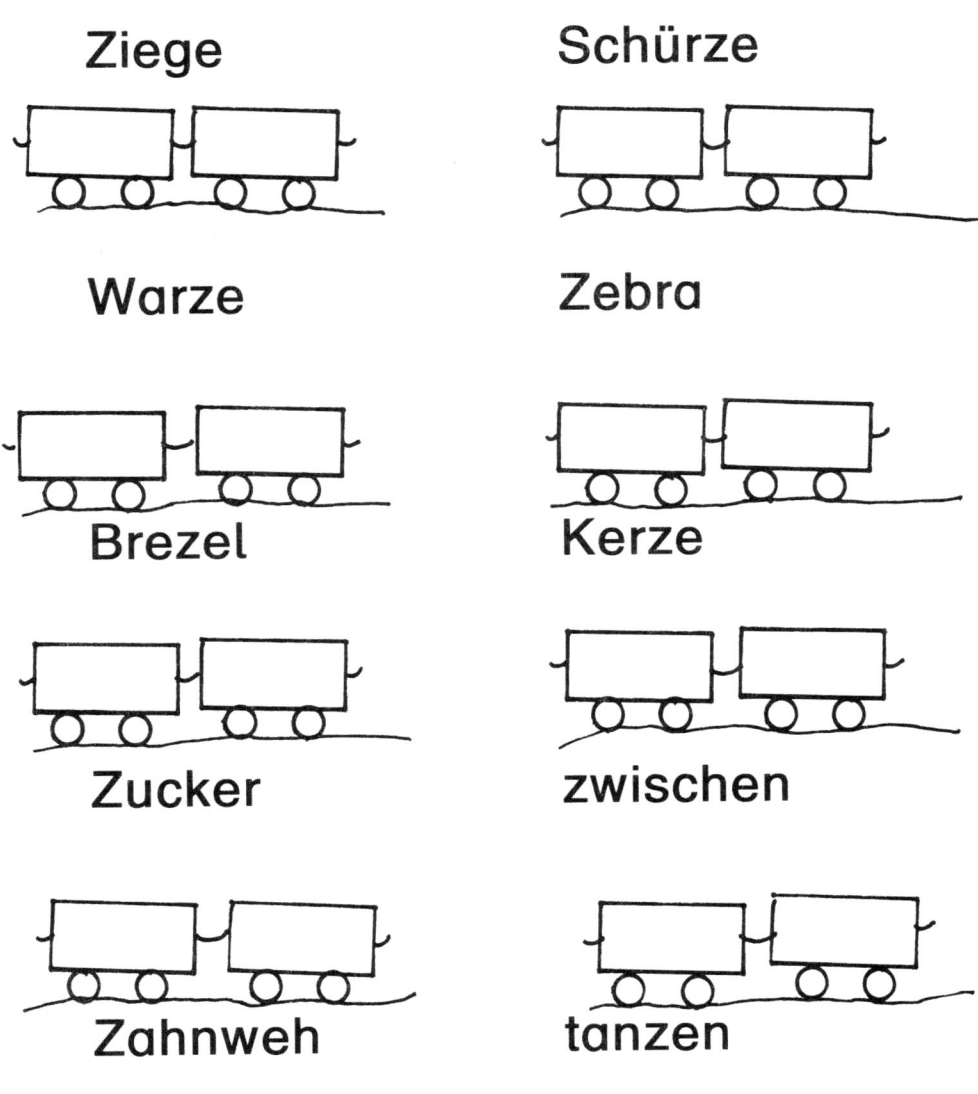

Ziege

Schürze

Warze

Zebra

Brezel

Kerze

Zucker

zwischen

Zahnweh

tanzen

Station 4:

▷ <u>Findest du Wörter mit Z oder z?</u>

▷ <u>Spure sie mit einem Rotstift nach:</u>

ANUZiege makfduizweiklsgbiozwanzig
ZweigFsdazbzeigenKLZahnLPOUedfa
oksgZahlksgaHGJZangeJHGadfTRSP
ZungeftswdzehnmlmNFGWarzeLKmsd
ndftanzenmdfRanzenlkmlMLRZebragh

▷ Streiche alle anderen Buchstaben mit dem Bleistift durch!

▷ Schreibe die Zz-Wörter in dein Heft!

(Zähle nach - es müssen ⑭ sein!)

Station 5:

Richtig oder falsch?

● Kreuze die richtigen Sätze an!

o   Zucker ist gesund für die Zähne.

o   Alle kleinen Kinder haben Milchzähne.

o   Unser Klassenzimmer ist blau.

o   Unsere Gardinen sind schwarz.

o   Schneewittchen war bei den sieben Zwergen.

o   Zum Eis lecken brauche ich die Zunge.

o   Im Zoo gibt es nur Zebras.

o   Zwillinge sehen oft ziemlich gleich aus.

● Wie musst du die falschen Sätze verändern, damit sie stimmen?

● Schreibe die verbesserten Sätze auf!

Station 6:

Hier hat Zebulon, der Zauberer, ⓔ und ⓐ **weggezaubert.**
Setze die Buchstaben an ihren Platz!

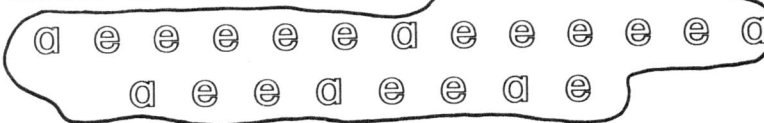

Zoff im Zirkus

Z__nzi und Z__bulon l__ben im Zirkus Zampano.

Z__nzi dr__ssiert Zieg__n.

Zebulon ist ein zauberhafter Zaub_r__r.

Eines T__ges ist Zenzis Lieblingsziege Zita
v__rschwunden.

Z__nzi zetert: Zebulon! Du hast meine Zieg__
           weggezaubert!"

Z__bulon ist zornig: Ich weiß nicht, wo Zit__
           steckt! Ich habe nicht gez__u-
           bert!"

Z__nzi und Z__bulon z__nken und z__nken.

Plötzlich hören sie das Meckern einer Ziege.

Zit__ zieht Zenzi am Rock.

Zenzi entschuldigt sich bei Z__bulon, alles
ist wieder in Ordnung.

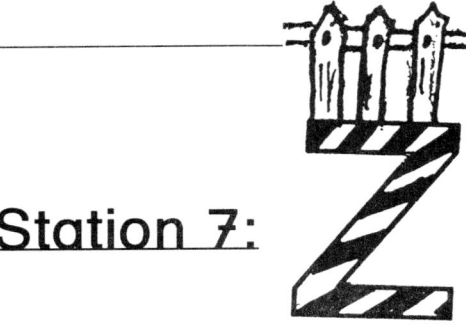

Station 7:

● Lies das Gedicht und finde die richtigen Reimwörter!

Zwicke zwacke

zwicke zwacke in die B_____

zwicke zwase in die N_____

zwicke zwals in den H_____

zwicke zwarm in den A_____

zwicke zwand in die H_____

zwicke zwauch in den B_____

zwicke zwabel in den N_____

zwicke zwie in das K_____

zwicke zwein in das B_____

zwicke zwo in den P_____

● Schreibe fünf Reime in dein Heft!

g) Stationen Vv

Stationenarbeit Vv	Name: _____		
Station:	So arbeite ich:	Diese Stationen habe ich erledigt:	Meine Beurteilung: ☺ ☻ ☹
Sätze würfeln		○	
„Vogelwörter"		○	
Höre: v oder w?		○	
Eins und viele		○	
Weiter schreiben		○	
Lesen und malen		○	
Geschichte		○	

Station 1:

▷ Würfelt der Reihe nach und schreibt jedes gewürfelte Wort auf! Fünf Sätze sollt ihr erwürfeln!

| ⚀ Der Vater | ⚁ Der Vogel | ⚄ Vroni |
| ⚀ Eva | ⚂ Der Pavian | ⚅ Die Verkäuferin |

| ⚀ verkauft | ⚁ vergisst | ⚄ verliert |
| ⚀ verspeist | ⚂ versteckt | ⚅ verrät |

| ⚀ den Verstand. | ⚁ die Vase. | ⚄ das Klavier. |
| ⚀ dasVeilchen. | ⚂ das Video. | ⚅ den Vers. |

Station 2:

▷ Viele Vogelwörter - <u>setze sie zusammen und schreibe sie auf!</u>

▷ Suche dir (drei) Vogelwörter aus und (male) sie!

-lied   -junge   -vater

-ei   -schwarm

-mutter   Vogel-   -nest

-weibchen   -männchen   -feder

-schnabel   -käfig

▷ <u>Schreibe so</u>: <u>das Vogelei, ...</u>

Station 3

▷ Lest euch die Wörter auf den Wortkarten leise vor!

▷ Hört g e n a u hin, wie das V gesprochen wird!

▷ Ordnet die Wörter in die richtigen Schachteln!

▷ Schreibt anschließend die Wörter in die richtigen Spalten auf dem Arbeitsblatt!

Vogel	Vase
Vater	von
Vulkan	viel
Klavier	voll
vier	vom
Video	Villa
vierzehn	Verkehr
Lava	Eva

Station 3:

▷ Trage die Wörter in die richtige Spalte ein:

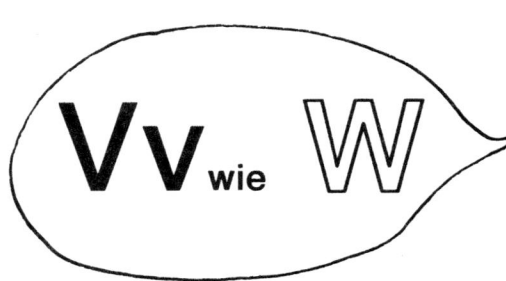

Station 4:

▷ <u>Eins und viele</u> - Einzahl und Mehrzahl!
Schreibe und zeichne!

ein Vogel	viele _____	
ein Vater	viele _____	
ein Wurm	viele _____	
ein Apfel	viele _____	
eine Blume	viele _____	
ein Brot	viele _____	
eine Banane	viele _____	
ein Bonbon	viele _____	
eine Vase	viele _____	

Station 5:

▷ Lies die Geschichte genau und schreibe auf,
wie sie weiter geht!

Spuk in der Villa

Eva und Valentin sind alleine
in der Villa. Die Eltern sind
im Kino. Eva und Valentin
schauen sich ein Video an.
Plötzlich fällt die Vase auf
den Boden und zerbricht!
Eva und Valentin erschrecken
sehr. Da beginnt das Klavier
zu spielen! Was ist los in der
Villa?

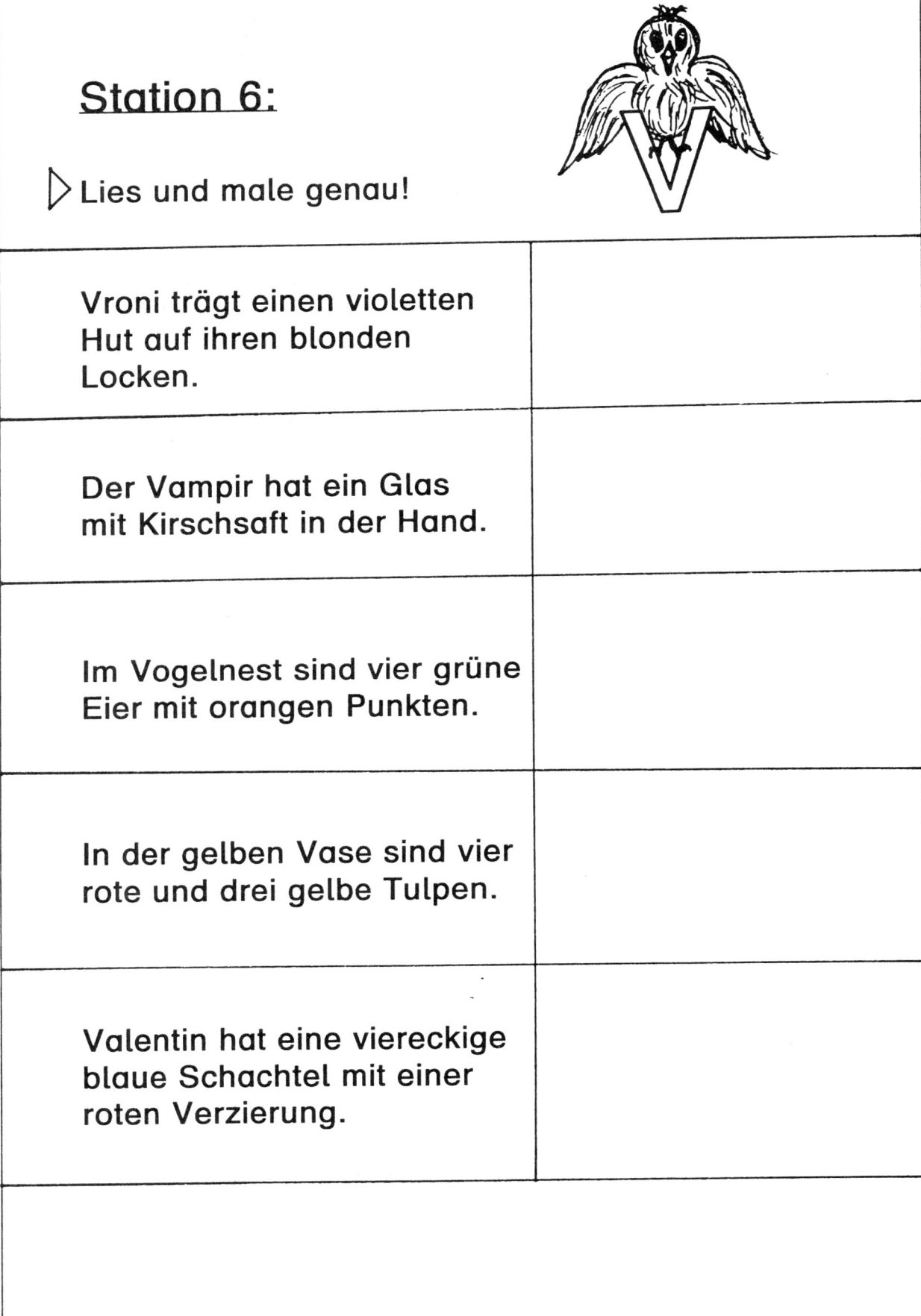

Station 6:

▷ Lies und male genau!

Vroni trägt einen violetten Hut auf ihren blonden Locken.	
Der Vampir hat ein Glas mit Kirschsaft in der Hand.	
Im Vogelnest sind vier grüne Eier mit orangen Punkten.	
In der gelben Vase sind vier rote und drei gelbe Tulpen.	
Valentin hat eine viereckige blaue Schachtel mit einer roten Verzierung.	

Station 7:

▷ Lies die Geschichte aufmerksam durch !

Vampi

1 Vroni hat ein lustiges kleines Haustier.

2 Es ist ein winziger, kugelrunder Vampir.

3 Am liebsten trinkt er Himbeersaft.

4 Er schläft auf Vronis violettem Seidentuch.

5 Veilchen liebt er besonders.

6 Er wird ganz sanft, wenn er sie riecht.

7 Vroni schmust gerne mit ihrem Vampi.

8 Wenn Vampi müde ist, versteckt er sich in Vronis Haaren.

9 Vroni und Vampi sind die besten Freunde.

Station 7:

Wenn du gut gelesen hast, kannst du die Fragen beantworten!

▷ <u>Lies immer wieder in der Geschichte nach!</u>

<u>In welcher Zeile steht</u>

..... schmust gerne mit .... ◯
..... sind die besten .... ◯
..... wird ganz sanft .... ◯
..... schläft auf Vronis .... ◯
..... ein winziger,.............. ◯
..... liebt er........... ◯
..... lustiges kleines .... ◯

▷ <u>Beantworte die Fragen</u>:

O Was für ein Haustier hat Vroni? _____

O Wie heißt das Haustier? _____

O Was trinkt es besonders gerne? _____

O Wo schläft es? _____

▷ Schreibe e i n e n Satz in dein Heft und male ein passendes Bild!

10) Stationen zum gesamten ABC

Stationenarbeit	Name: _____		ABC..... ......XYZ
Station:	**So arbeite ich:**	**Diese Stationen habe ich erledigt:**	**Meine Beurteilung:** 😊 😐 😞
① Liste ordnen		◯	
② Anlautdomino		◯	
③ Buchstabenkarte		◯	
④ Silbenzüge		◯	
⑤ Reimwörter		◯	
⑥ Lesen und malen		◯	
⑦ Meine Geschichte		◯	
	▷	Male Gesichter, wenn du mit der Station fertig bist	

Station 1: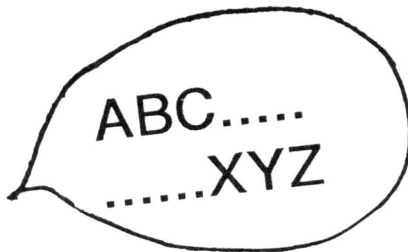

○ Anna hat eine Liste für ihren Geburtstag geschrieben.
Dabei ist ihr einiges durcheinander geraten! Lies selbst!

Erwin	Apfelsaft	Fangen
Verstecken	Schaumküsse	Eis
Evi	Yvonne	Fuchsbau
Siri	Manuel	Butterbrote
Wasser	Kakao	Waffeln
Topfschlagen	Kuchen	Obst
Angela	Kreisspiele	Limo

○ Kannst du Anna beim Ordnen helfen?

○ Mache vier Spalten, finde eine Überschrift,
trage die Wörter ein!

Station 2:

Anlautdomino (auf farbiges Papier kopieren und vor dem Zerschneiden laminieren)

A		B	
D		E	
F		G	
H		I	

T		U	
W		Z	
Au		Ei	
Pf		Sch	

K		L	
M		N	
O		P	
R		S	

Station 3:

Die Buchstaben - Speisekarte

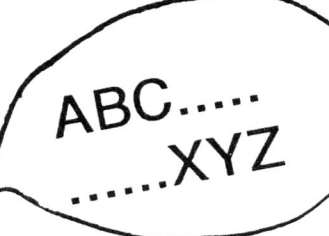

ABC......
......XYZ

Finde zu jedem der Buchstaben etwas zum Essen,
verziere am Schluss deine Speisekarte mit Bildern:

A_____   M_____

B_____   N_____

D_____   O_____

E_____   P_____

F_____   R_____

G_____   S_____

H_____   T_____

K_____   V_____

L_____   W_____

Station 4:

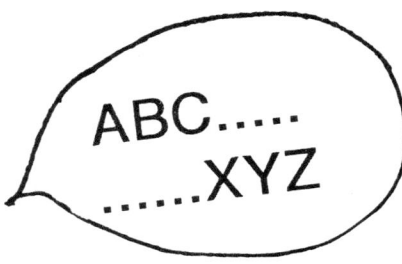

ABC......
......XYZ

Silbenzüge - erinnerst du dich?
▷ Schreibe die Wörter getrennt in die Wagen,
rahme a e i o u gelb ein!

Regenwurm

Gartenarbeit

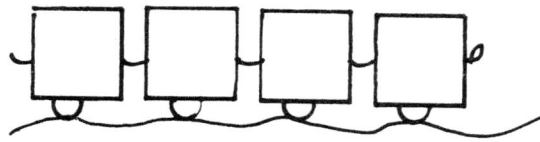

Sonnenblume

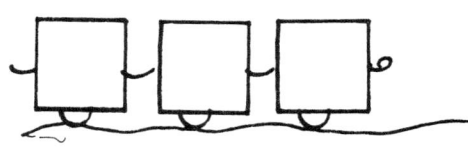

Fingerhut

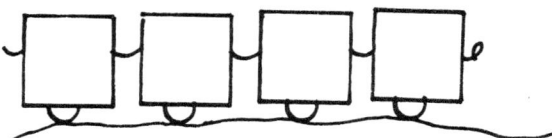

Rechenkönig

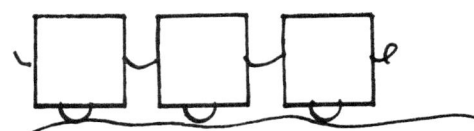

Wasserhahn

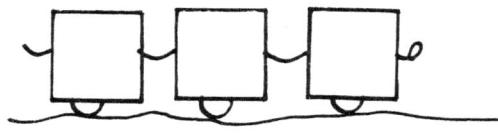

Hasenstall

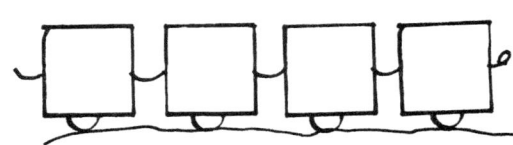

Puppenstube

Wasserfarben

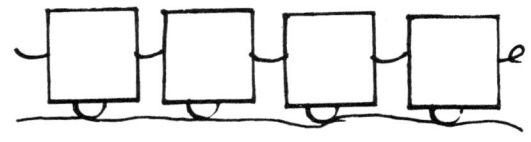

Federmäppchen

Station 5:

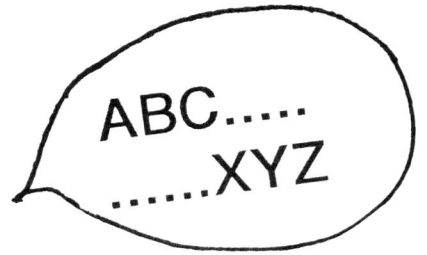

o Reimwörter - immer drei Wörter gehören zusammen!

o Legt die Reimwörter umgedreht vor euch hin!

o Zieht abwechseln eine Karte und legt die Reimwörter untereinander!

o Schreibt am Schluss alle Reimwörter ins Heft!

Tasche	Flasche	Masche
Bauch	Schlauch	Rauch
Tanne	Pfanne	Kanne
Dach	Fach	Krach
Wiese	Liese	Riese
Sonne	Wonne	Tonne

Station 6:

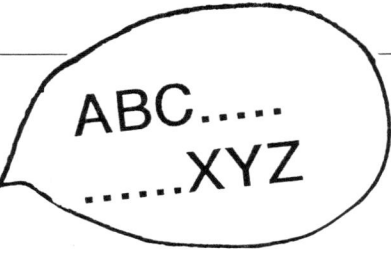

▶ Bernd hat ein Bild gemalt. Er beschreibt dir, wie es aussieht. Lies genau und male!

1 Auf meinem Bild siehst du links oben eine große gelbe Sonne mit vielen Strahlen.

2 Auf der linken Seite steht ein Baum mit vielen grünen Blättern.

3 Auf der rechten Seite ist ein kleines Haus. Es hat eine braune Haustüre und drei Fenster mit grünen Läden.

4 Zwischen dem Haus und dem Baum ist eine grüne Wiese mit zehn bunten Blumen.

5 Auf der Wiese spielen Tim und Tina mit einem blauen Ball.

6 _____

_____

▶ Schreibe bei 6 einen eigenen Satz und male!

Station 7:

Schreibe alles auf, was dir dazu einfällt:

Endlich ist es warm!

Deutsch

Unterricht öffnen-Spielend lernen
Spiel- und Arbeitsmaterial für die Freiarbeit

355 **Grundwortschatz 1** ✍ 15.90
in Übungsstationen im Karteikartenformat
DIN A5 quer, 136 Seiten

954 **Grundwortschatz 2** ✍ 18.50
in Übungsstationen im Karteikartenformat
DIN A5 quer, 186 Seiten

Grundwortschatz in Nachschriften
Lauf- und Büchsendiktaten KP

787 **1. Schuljahr,** *76 S.* ✍ 14.90
788 **2. Schuljahr,** *104 S.* ✍ 16.90

Grundwortschatz-Schülerhefte

118 **Mein Grundwortschatz 1./2.** ✍ 3,90
56 S., VA

982 **Mein Grundwortschatz 1./2.** ✍ 4,90
80 S., VA, erweiterte Fassung

992 **Mein Wörterliste** ✍ 1,50
zum Grundwortschatz 1./2. 12 S., VA

065 **Mein Grundwortschatz 1./2.** ✍ 3,90
48 S., in Schulausgangsschrift

Richtig Schreiben

980 **Neue Wege zum richtigen Schreiben 1**
102 S. ✍ 16,90

981 **Neue Wege zum richtigen Schreiben 2**
170 S. ✍ 21,90

Rechtschreiben-Unterrichtspraxis
Lernwörter, Nachschriften, Diktate

892 **1. Schuljahr,** *84 S.* ✍ 14.90
893 **2. Schuljahr,** *88 S.* ✍ 14.90

Die lustige Rechtschreibkartei UP

042 **2. Schuljahr, 110 S., A5 quer** ✍ 14.50

Lesen lernen

700 **Buchstabenzug,** *107 S.* 7,90
075 **Das ABC lustiger lernen** 16,50
Bilder- u. Bildergeschichten zur Veran-
schaulichung von Buchstaben und
Wörtern, 112 S.

895 **ABC-Geschichten** ✍ 13.90
zum Lesen und Lesen lernen, 76 S.

894 **Mit allen Sinnen Buchstaben lernen** ✍ 9.90
Arbeitsheft zu den ABC-Geschichten, 46 S.

991 **Stationenarbeit zur vertiefenden Leseübung 1**
120 S. ✍ 17.90

Literatur/Lesen

392 **Mein Lese-Mal-Buch**
1./2. Schuljahr *66 S.* ✍ 13,90

357 **Mit viel Spaß fit im Lesen**
1./2. Schuljahr *46 S.* ✍ 11,50

758 **So macht Lesen Spaß, 1. Schuljahr**
64 S. 12,50

759 **So macht Lesen Spaß, 2. Schuljahr**
78 S. 13,50

Gedichte

106 **1./2. Schuljahr** 12,90
z.B. von Britting, Claudius, Morgenstern,
Krüss,..., 18 Gedichte, 84 S.

✍ = Neue Rechtschreibung

Schreiben leicht gemacht
Kopiervorlagen

994 **Schreiblehrgang, 1./2. Schuljahr** ✍ 13,90
in vereinfachter Ausgangsschrift

Sprachbetrachtung/Sprachlehre

774 **Spielend lernen, 2. Schulj.,** *116 S.* 14,90

Aufsatzerziehung

835 **So werden meine Geschichten lebendiger**
1./2. Schuljahr, 80 S. ✍ 15,50

Deutsch kompakt

Stundenbilder

290 **1. Schuljahr Bd. I** *120 S.* ✍ 17,90
291 **1. Schuljahr Bd. II** *154 S.* ✍ 19,90
984 **1. Schuljahr Bd. III** *140 S.* ✍ 18,90
292 **2. Schuljahr Bd. I** *148 S.* ✍ 19,90
293 **2. Schuljahr Bd. II** ✍ i.V.
985 **2. Schuljahr Bd. III** ✍ i.V.

Heimat- und Sachunterricht

Stundenbilder

270 **HSU kompakt 1 Bd. I** *128 S.* ✍ 18,50
271 **HSU kompakt 1 Bd. II** *134 S.* ✍ 18,90
272 **HSU kompakt 2 Bd. I** *138 S.* ✍ 19,50
273 **HSU kompakt 2 Bd. II** ✍ i.V.

734 **2. Schuljahr Band I** *110 S.* ✍ 15,90
735 **2. Schuljahr Band II** *118 S.* ✍ 16,90

Lernzielkontrollen/Proben

796 **2. Schuljahr,** *68 S.* ✍ 13,50

Unser eigenes Thema

286 **1./2. Jahrgangsstufe** i.V.

Verkehrserziehung

151 **1./2. Schuljahr,** *56 S.* ✍ 13,50

Bilder- und Bildgeschichten
zum Sachunterricht

162 **1. Schuljahr,** *72 S.* 12,50
165 **2. Schuljahr,** *96 S.* 13,90

Kopierhefte mit Pfiff

745 **1. Schuljahr Band I,** *84 S.* ✍ 15,50
Kind und Schule, Familie, Tagesab-
lauf, Zeit, Spiel

746 **1. Schuljahr Band II,** *96 S.* ✍ 16,50
Kind und Gesundheit, Kind und Natur

747 **2. Schuljahr Band I,** *92 S.* ✍ 16,50
Kind und Schule, Familie, Zeit, Heimat-
geschichte, räumliche Orientierung,
wirtschaftliche Umwelt

748 **2. Schuljahr Band II,** *92 S.* ✍ 16,50
Kind und Gesundheit, Kind und
heimatliche Natur

989 **Kopierheft HSU 1,** *36 S.* ✍ 9,50
995 **Kopierheft HSU 2,** *46 S.* ✍ 11,50

Religion

Katholische Religion NEU

288 **1. Jahrgangsstufe,** *140 S.* ✍ 19,50
289 **2. Jahrgangsstufe** i.V.

Evangelische Religion

072 **2. Schulj.,** *80 S., 10 StB, 17 AB, 3 FV* 12,50

Ethik

262 **1. Jahrgangsstufe,** *112 S.* ✍ 17,50
263 **2. Jahrgangsstufe** i.V.

Grundlegender Unterricht

770 **1. Schuljahr Band I** 17,50
142 S., 26 Themen

771 **1. Schuljahr Band II** 17,50
136 S., 39 Themen

772 **2. Schuljahr Band I** 17,50
142 S., 39Themen

773 **2. Schuljahr Band II** 17,50
144 S., 36 Themen

Mathematik

278 **Mathematik kompakt 1 Bd. I** *146 S.* ✍ 19,90
279 **Mathematik kompakt 1 Bd. II** *122 S.* ✍ 17,90
280 **Mathematik kompakt 2 Bd. I** *138 S.* ✍ 19,50
281 **Mathematik kompakt 2 Bd. II** *158 S.* ✍ 21,50

Stundenbilder

998 **Mit viel Spaß zum Mathe-King 2**
112 S. ✍ 17,50

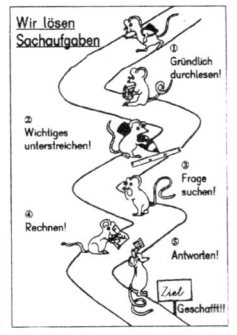

752 **Mathematik 2** *144 S.* ✍ 17,90

Rechnen mit Lust
Spiele und Übungen als Kopiervorlagen
für Einführungsstunden, Übungsstunden,
zur Freiarbeit mit Selbstkontrolle oder als
Hausaufgabe geeignet

179 **2. Schuljahr,** *130 S.* ✍ 18,90

Freiarbeit - Spielend lernen
Spiel- und Arbeitsmaterial, jeweils mit
ausführlichem Anleitungsheft

045 **1. Schuljahr, Band I, Zahlenraum 1-10**
35 Kartonblätter + Lehrerheft 17,90

047 **1. Schuljahr, Band II, Zahlenraum 10-20**
35 Kartonblätter + Lehrerheft 17,90